AF229322

DE L'ABUS DES MOTS,

DE LEUR FAUSSE INTERPRÉTATION,

ET DE LEUR INFLUENCE

SUR LA DESTINÉE DES PEUPLES.

PAR M. H. B.....

A PARIS,

CHEZ RENARD, LIBRAIRE, RUE CAUMARTIN, N°. 12.

1815.

DE L'ABUS DES MOTS,

DE LEUR FAUSSE INTERPRÉTATION,

ET DE LEUR INFLUENCE

SUR LA DESTINÉE DES PEUPLES.

Sɪ l'on s'entend si peu aujourd'hui, si les discussions tournent si souvent en disputes, si l'on est si peu d'accord sur les idées les plus simples, c'est que l'on se sert, pour s'exprimer, de mots dont le sens varie suivant l'opinion de celui qui les emploie, et qu'il n'y a rien de fixe sur leur véritable signification. C'est donc offrir un moyen de conciliation, c'est donc préparer la paix, que de chercher à donner l'explication de certains mots, de certaines phrases, objet continuel d'une guerre de société qui met de l'amertume et de l'âpreté dans tous nos discours, détruit toutes les grâces de la conversation, enlève à l'intimité tous ses charmes, et nous priverait enfin du droit dont nous avons joui si long-temps, de donner aux autres peuples de l'Europe l'exemple d'une délicatesse de goût, d'une politesse, d'une urbanité, que nous avions portées presque à leur perfection.

L'essai que je fais est hardi, peut-être téméraire : si j'ose le tenter, c'est pour donner à d'autres le désir de me suivre dans une carrière si difficile, et que je parcourrai d'un pas timide et incertain.

DE L'ESPRIT.

Ce mot est peut-être un de ceux dont on a le plus abusé de nos jours, et dont on a le plus méconnu le véritable sens. On a mis l'esprit à la place de tout ce qui est bon; on l'a mis au-dessus de tout; on s'en est exagéré les avantages; on lui a donné le premier rang parmi nos qualités morales; on a cru qu'il les renfermait toutes, tandis qu'il n'est que trop vrai que souvent il exclut les plus utiles. Avec de l'esprit, on vous regardait comme propre à tout ; et comme la fureur de faire des lois était la manie à la mode ; chacun , avec un titre différent, mais toujours avec ce que nous appelons de l'esprit, accourait de tous les coins de la France, et venait se saisir de l'une des places lucratives de nos sénateurs ambitieux. Je suis auteur de vaudevilles , disait l'un; je tourne bien un couplet, je joue très bien sur les mots ; je suis appelé à être législateur. Je fais des tragédies , disait l'autre , je ferai donc des lois. Je suis avocat, s'écriait celui-ci ; je sais défendre le pour et le contre, les causes bonnes ou mauvaises : placez-moi bien vite au nombre des sages représentans de la nation ; je saurai merveilleusement faire valoir toutes les sottises , entraîner par mon éloquence, et tromper par ma logique astucieuse : mon talent m'a déjà acquis de la fortune , il doit aussi m'acquérir de la puissance. Je fais des romans, s'écriait celui-là ; je connais le cœur humain : qui mieux que moi peut composer le code de nos lois, la charte de nos institutions ! Un autre, plus sûr encore de ses droits, disait : La nature m'a livré tous ses secrets; mon scalpel, mes fourneaux m'ont découvert l'organisation des êtres, les principes des choses ; voyez en moi un nouveau Prométhée. Cette machine que l'on appelle *homme* n'est que de la matière modifiée d'une certaine manière : si je suis au moment de pouvoir, à ma fantaisie, composer de semblables machines, n'est-ce pas à moi à en diriger le jeu et les mouvemens? Voilà donc ce que nous appelons de l'esprit ! cessons d'y attacher un si haut prix ; ne nous laissons plus séduire par ce qu'il a d'attrayant : chargeons-le de nous amuser, mais gardons-nous de lui confier nos intérêts : prenons enfin pour guides le jugement, le bon sens, l'honneur et la vertu ; ce sont les ennemis les plus terribles de l'esprit, mais leur compagnie vaut mieux sur le chemin de la vie.

DES PRÉJUGÉS.

La sottise dit un jour tout est mal, et la foule d'applaudir ; ce fut alors que l'on marqua toutes les idées reçues du sceau de la réprobation en leur donnant le nom de préjugés. On oublia que ce n'est que chez les nations muries par la sagesse qu'il existe des préjugés utiles, et qu'ils sont la portion la plus précieuse de l'héritage de nos pères. Les préjugés ne sont autre chose que des opinions qui se sont *murées* en passant lentement à travers les révolutions des siècles, et qui ont acquis pour nous toute la force du sentiment. On n'a plus alors à réfléchir, on se fie à l'expérience du passé, et l'on croit obéir à son cœur quand on n'obéit qu'à la raison.

L'attachement pour sa religion, l'amour du souverain, le respect pour les descendans de ceux qui ont bien mérité de la patrie, la délicatesse sur le point d'honneur, la préférence que l'on donne à ses lois, à ses institutions, à ses usages, et d'autres sentimens semblables étaient des préjugés. Toutes ces choses étaient jugées, elles ne devaient plus être pour nous l'objet d'un nouvel examen : sur la foi de nos pères nous les tenions pour bonnes, mais on résolut de les juger de nouveau, et l'on dit pour paraître sages : Nous blâmerons tout pour faire, nous détruirons pour nous montrer grands et forts, nous briserons toutes les barrières placées le long des précipices qui bordent le chemin difficile du juste et de l'utile ; qu'est-il arrivé ? Privés de ces garde-fous nécessaires, on nous a vus, à différentes fois, rouler dans ces précipices dont nous nous sommes retirés avec peine. Nous prétendons enfin avoir pu résoudre bien des questions, avoir établi bien des vérités inconnues jusqu'alors ; mais je ne sais si les races qui nous suivront auront assez de confiance en nous, pour adopter les jugemens que nous aurons portés et s'en faire des préjugés.

~~~~~~

DES DEVOIRS DE L'HOMME.

Ce qui fait que nous nous égarons souvent sur nos devoirs, c'est que nos idées ne sont pas suffisamment arrêtées sur l'importance relative de ces devoirs, et quand ils se trouvent en opposition, nous ne savons plus auquel nous devons donner la préférence. Cette incertitude, cette ignorance, nous jettent dans des erreurs, nous exposent à des écarts qui peuvent nous mener à des fautes, à des torts, et même à des actions coupables. Pour nous élever au plus haut point de notre dignité morale, il nous faut donc connaître d'une science certaine les obligations plus ou moins grandes que nous imposent nos différens devoirs, les sacrifices qu'ils exigent de nous et le rang qu'ils occupent entre eux. Si nous en dérangeons l'ordre nous n'allons plus qu'au hasard, et le sage devient le plus fou des hommes.

Pour avoir une règle sûre dans ma conduite, je ne perdrai donc pas de vue ce que je dois d'abord à moi, ensuite à ma famille, puis à l'état;
~~~~~~

(9)

sans doute, il est inutile de dire que par le moi,
je n'entends que mon être moral dépouillé de tout
ce qui tient aux sens, à ses jouissances, à ses
plaisirs. Qui pourrait alors nier que mes pre-
miers devoirs sont envers moi, que rien ne sau-
rait me faire manquer à ma conscience, à mon
honneur, que tout intérêt se tait devant ce premier de tous, celui de conserver pur et intact
ce moi moral, et qu'il n'est pas de sacrifice que je
ne lui doive? Si l'on peut excuser, expliquer le
jugement barbare que Brutus porta contre son
fils, ce n'est qu'en lui donnant pour motif cette
soumission aveugle aux ordres impérieux de la
conscience et de l'honneur, maîtres sévères qui
ne permettent point de transiger avec eux; si ce
ne sont point eux qui ont prononcé cet arrêt ter-
rible, l'action de Brutus n'est plus qu'une épou-
vantable atrocité.

De nos jours voyez combien de faiblesses et de
lâchetés ont été couvertes du prétexte des intérêts de famille; avec quelle adresse le plus vil
égoïsme a caché sous ce masque trompeur ses
traits hideux et dégoûtants! avec quelle au-
dace on osa appeler dévouement pour sa famille,
le désir de garantir sa sûreté et le besoin de
sauver sa fortune! C'est votre honneur qu'il

fallait d'abord sauver, c'est votre conscience à laquelle vous deviez d'abord songer.

C'est donc à nous que nous nous devons d'abord ; après nous vient notre famille, et nos devoirs envers l'état ne sont qu'une suite, qu'une conséquence de ce que nous devons aux nôtres. La patrie ne nous est chère que parce qu'elle renferme tout ce que nous avons de plus cher au monde, nos parens, nos femmes, nos enfans, nos amis. Dans son existence se confond celle de tous ces êtres chéris. Nous vivrons, nous mourrons pour les protéger, les défendre et avec eux la patrie, car, dans nos cœurs, ils sont inséparables ; mais si jamais il nous fallait choisir n'hésitons pas, c'est notre famille qui doit l'emporter. Songeons cependant que ce ne peut être aux dépens de nous-mêmes. Rappelons-nous cette réponse d'un magistrat instruit et pénétré de ses vrais devoirs : « ma vie, disait-il, est au Roi, mon âme est à Dieu ». Ce mot est sublime parce qu'il est l'expression de la vérité fille de la sagesse éternelle. Ne jouons donc pas le patriotisme pour avoir le droit de nous détacher de notre famille ; ne jouons pas ces beaux sentimens de dévouement à notre famille pour cacher notre lâche attachement à la vie et à la fortune ; les hommes, notre conscience sont là pour nous dénoncer et nous condamner au mépris et et aux remords.

DES DROITS DE L'HOMME.

Depuis trop long-temps ces mots magiques ont exercé sur la France leur puissance infernale. Que de sophismes, de raisonnemens absurdes, d'inductions fausses, de conséquences ridicules, de systèmes insensés n'ont-ils pas produit ! Comme la poudre sympathique, dont les effets sont terribles, et que l'on renferme avec soin pour éviter les désastres qu'elle pourrait causer en tombant dans des mains imprudentes, gardons-nous de les jeter de nouveau au milieu des hommes, laissons-les retomber dans un oubli profond, écrasés sous le poids des institutions douces et humaines, puissent-ils ne plus paraître au jour et perdre avec le temps, dans le lieu où on les tiendra cachés, le levain de fermentation qu'ils contiennent ! Puisse-t-on ne les plus voir, comme la lave sortie des flancs d'un volcan, se répandre sur notre sol pour y détruire notre repos, notre bonheur et toutes les espérances des races futures ! Qu'ils restent à jamais renfermés dans le cœur des rois ; c'est là que, perdant tous les poisons dont ils sont chargés, et qu'enfin épurés, ils pourront être utiles et servir au bonheur des peuples.

DE LA PHILOSOPHIE.

Après le beau siècle de la philosophie, on vit paraître en Grèce une race d'hommes gonflés d'orgueil, ennemis du vrai, prêchant l'erreur, confondant et le bien et le mal, défendant tous les systèmes, bouleversant toutes les idées, ne cherchant le bon et le beau que hors des bornes de la nature. Toujours bizarres pour être originaux, n'employant la force de l'esprit que pour égarer et tromper, pour les distinguer des philosophes, les Grecs les nommèrent *sophistes*.

Dans des circonstances semblables, les mêmes hommes reparurent en France. Le *Français né malin*, continua, par ironie, d'appeler du nom de *philosophes* ces esprits faux, professeurs de cette morale absurde et dangereuse qui jeta sur le dernier siècle l'éclat trompeur de leur folie, et l'éclaira d'une lumière sinistre et passagère, semblable à celle que donnent les flammes lancées du sein des volcans. Depuis, ce titre dérisoire leur a toujours été conservé; cependant ils s'enorgueillirent d'un nom qu'on leur avait laissé par mépris, et des sots regardèrent comme sérieux le respect qu'on leur rendait. Ce jeu, cette plaisanterie amère, mal entendue par le plus grand nombre, eut l'inconvénient de laisser confondre ensemble ces apôtres fanatiques de l'erreur et les défenseurs de la vérité; ces pédagogues infâmes qui n'ont d'autre but que de corrompre leurs disciples, et les sages précepteurs de la race humaine qui cherchent à la rendre meilleure; ces flatteurs de toutes les passions, et les courageux adversaires des vices; ces empiriques ignorans et les savans médecins de l'âme; ces corrupteurs des cœurs et les sévères censeurs des mœurs; ces prôneurs des droits de l'homme et les zélés prédicateurs des devoirs de l'homme; ces ardens protecteurs de théories fallacieuses, et les sublimes créateurs de systèmes, beaux, grands et sages; ces vils apostats et les fidèles adorateurs de la morale; enfin, cette foule impie de sophistes et les vrais amis de la philosophie.

Ne nous étonnons donc pas si l'on s'entend si peu quand on parle des philosophes; il en est de

genre si différent : tous, il est vrai, se sont acquis un grand nom, les uns par le mal, les autres par le bien qu'ils ont fait. Aussi rappelons-
nous cette plaisanterie sale et dégoûtante du chef
de cette secte qui corrompit notre siècle ; il dit,
de quels moyens différens la renommée se sert
pour entonner ses trompettes ; et sans doute les
trompettes honteuses sont destinées à faire connaître au monde ceux qui ont consacré leurs
veilles, leurs travaux, toutes les facultés bril-
lantes de leur esprit, je dirais presque leurs gé-
nies, à relâcher les liens de la société, et mis
leurs soins à nourrir ce ver destructeur qui ronge
le tronc de l'arbre de vie.

DES IDÉES LIBÉRALES.

Il est certains mots qui dans le monde ont
fait une grande fortune, précisément comme ces
hommes qui, se prêtant à tout, doivent leur
existence à leur caractère lâche, faux et chan-
geant. On se sert de ces mots parce qu'ils n'ont
aucun sens bien connu, qu'ils ne représentent
aucune idée bien fixe. Ayant quelque chose de

mystérieux, de profond, qui en impose, ils entrent merveilleusement dans le langage de nos nouveaux inspirés, quand le dieu de la folle sagesse souffle sur eux son esprit.

Parmi ces mots, ils aiment surtout à employer ceux d'*idées libérales*. Si l'on peut en saisir le sens, ils veulent dire quelque chose de plus que ce que l'on entendait d'abord par idées philosophiques. Les idées libérales sont toutes celles qui se rapportent à l'indépendance la plus absolue, à la liberté la plus déréglée. Secouer le joug de la religion et des rois, voilà des idées libérales. Ce n'est pas encore assez, elles veulent que tout lien soit servitude, tout devoir esclavage. Les pères ne doivent plus avoir d'obligations à remplir envers leurs enfans, les enfans ne doivent plus reconnaître l'autorité paternelle. Les grands, les riches, sont enfin exemptés des soins, des peines, des charges du patronage; les faibles, les pauvres sont débarrassés du poids fatigant de la reconnaissance. Le vieillard ne doit plus d'égards à l'innocente candeur de la jeunesse; les jeunes gens ne doivent plus de respect à la vieillesse. On va loin avec des idées libérales. Quelle tranquille, quelle heureuse société sera celle où ces idées seront universellement adoptées! Comme chacun, se li-

vrant à ses idées libérales , et jouissant de ce
qu'il appellera ses droits , ne connaissant plus
de frein , foulera aux pieds tous les intérêts qui
ne seront pas les siens , renversera tout pour
atteindre le seul but qu'il se propose , celui
d'amasser une fortune colossale , de s'emparer
d'une puissance qui le mette à l'abri de la vin-
dicte publique , de s'assurer enfin les moyens
de satisfaire ses viles passions!

Si nous voulions ouvrir quelquefois les yeux
et chercher à nous instruire de l'expérience des
siècles , nous verrions que les peuples les plus
sages , les plus heureux , et qui ont le mieux
résisté à l'influence du temps qui cherche toujours à détruire , sont ceux chez lesquels on
s'est le plus mis en garde contre ces prétendues
idées libérales. Quel peuple , par exemple , plus
que les Romains , a soumis les enfans à l'autorité des pères , a multiplié les obligations des
patrons envers leurs clients , et des clients envers leurs patrons, a étendu la puissance de la
religion, a consacré le pouvoir des prêtres ! c'est
ainsi qu'ils avaient cherché à étouffer cet amour
de l'indépendance qui se fait plus sentir dans les
républiques que dans les monarchies.

Où n'aurais-je point trouvé d'autres exemples?
J'ai mieux aimé les choisir chez les Romains ,

en souvenance de la fantaisie que nous avons eu long-temps de nous faire Romains. N'avons-nous pas eu nos Brutus de districts, nos consuls, nos tribuns., nos sénateurs ? car , dédaignant d'imiter leurs vertus , d'adopter les institutions sages qu'ils pouvaient avoir , nous n'avons pris pour nous que leurs erreurs , leurs troubles et leurs fureurs.

DE L'AMOUR DE LA PATRIE.

AVANT de parler de l'amour de la patrie, il faut savoir ce qu'on appelle *patrie*, savoir ce qui constitue cet être moral auquel nous devons nos affections. Ce n'est point la terre sur laquelle nous marchons , les murailles qui nous entou-rent, les toits qui nous couvrent qui sont notre patrie. Les Athéniens, chassés d'Athènes, retrou-vèrent leur patrie dans leurs murailles de bois. Ce qui fait notre patrie , c'est la religion de nos pères , le gouvernement qui nous protégea long-temps, nos lois, nos coutumes, nos mœurs , nos usages. Une colonie transportée dans des régions éloignées et sous d'autres climats , emporte avec elle son amour pour la mère-patrie , pour ces institutions qu'une longue expérience nous apprit à trouver utiles, à respecter, à chérir. Si l'on se reportait à la naissance d'une société, on y trouverait peu d'amour de la patrie. Dieu seul, éclairé par sa prescience, put, après avoir créé le monde, dire : « cela est bon »; pour nous, nous ne pouvons juger de ce qui est bon qu'a-près en avoir fait un long usage, et notre atta-chement, notre amour ne sont qu'une suite de cette connaissance. C'est pour cela, qu'après ce bouleversement qui détruisit notre antique société pour en créer une nouvelle établie sur des bases incertaines, et qui ne promettait qu'une durée problématique, l'amour de la patrie se perdit en France et fut remplacé par le plus effroyable égoïsme. L'amour de la patrie se réfugia dans le cœur de ceux qui furent porter au loin leurs regrets, leur douleur, et la cruelle pensée de la perte qu'ils venaient de faire, ou de ceux qui cherchèrent la solitude et l'obscurité pour payer en secret leur tribut de larmes et de soupirs à ces restes d'une patrie qui n'était plus.

Bonaparte lui-même sut si bien apprécier le pouvoir de ces souvenirs de notre existence passée, qu'il chercha souvent à nous tromper par des illusions mensongères. Naguère encore, ne voulut-il pas nous abuser par l'image de ces champs de Mai, brillans essais de notre jeunesse un peu sauvage, débuts enchanteurs de cet âge bouillant ; où la force et la vaillance méconnurent quelquefois les droits de la raison ?

Mais laissons toutes ces pensées sinistres, nous avons retrouvé l'objet chéri de nos affections ; changé, il est vrai, par les ans, il porte les traces du temps ; mais il aura les beautés de son âge. Nous ne pouvons le méconnaître : il retrouvera nos cœurs fidèles, et l'amour de nous, renfermé dans de justes bornes, se confondra avec l'amour sacré de la patrie.

DE LA TOLÉRANCE RELIGIEUSE.

Il est un point qu'il est souvent dangereux de dépasser ; au-delà du vrai, du juste on se perd au milieu des chimères. *Rien de trop*, ce mot consacré par la sagesse des temps anciens devrait être en tout notre règle. Sans doute, un étranger doit trouver protection et sûreté dans le pays qu'il a choisi pour le lieu de son refuge ; il doit trouver des avantages dans la société qu'il veut enrichir de son travail ; on lui doit le prix de ce qu'il apporte de bien à la communauté ; plus ses services sont longs et utiles, plus ils

méritent de récompenses, de distinctions, d'é-
gards, de preuves de reconnaissance : mais il
ne sera jamais notre compatriote celui qui ne
prend pas nos sentimens, nos affections pour ce
qui fait notre patrie ; et si la religion, entre les
autres institutions sociales, est celle qui constitue plus particulièrement cet être moral que
nous appelons patrie, ceux-là qui sont d'une religion différente ne seront jamais de la même patrie.
Quelle communauté d'intérêt, d'amour peut-il y
avoir entre ceux qui ne sont pas soumis à une
même religion ? autant vaudrait qu'ils ne fussent
pas soumis au même souverain, aux mêmes lois.
Une intime union dans cette première de toutes
les affections a si bien été regardée comme le lien
le plus nécessaire pour réunir les hommes,
comme la chaîne la plus forte de toute société,
que les siècles se sont écoulés sans qu'il ait existé
un peuple qui n'ait eu sa religion : religion de
l'état, religion dominante, qui déclarait toutes
les autres fausses et controuvées, se regardait seule
comme bonne et vraie et se réservait tous les
droits et tous les priviléges. Il était juste, il était
nécessaire de prendre ce parti. Pour le peuple il
ne peut y avoir qu'une bonne religion ; si vous
dites aux hommes que toutes les religions sont
bonnes, s'ils croient en voir la preuve dans la

protection que vous accordez également à toutes, bientôt ils diront dans leurs cœurs : « il n'en est aucune de bonne » ; bientôt ils n'auront de foi à aucune ; et que mettrez-vous alors à la place de ce précieux complément des lois humaines ? Et vous, rois de la terre, mandataires délégués du roi des rois, que deviendront vos titres si l'on cesse de croire à celui de qui vous tenez tous vos droits ?

Les Anglo-Américains sont le premier peuple connu qui ait osé tenter l'essai d'un gouvernement sans religion. Peut-être pour quelque temps peuvent-ils ne pas se ressentir, ou ne se ressentir que faiblement de ce vice de leur gouvernement ; leur population peu nombreuse peut les laisser jouir quelque temps d'une tranquillité qu'ils perdront plus tard. Les hommes sont comme les grains de raisin qui, séparés et isolés, pourrissent sans produire la fermentation qu'ils éprouvent quand ils sont entassés et renfermés dans un vase étroit. Plus les hommes sont rapprochés, plus on doit chercher et employer de moyens pour maîtriser leurs passions.

Si nous sommes sages n'imitons pas légèrement l'exemple d'un peuple nouveau ; avant de juger, attendons les résultats d'un essai téméraire ; ne prenons pas la faute d'un législateur pour une grande conception ; ne croyons pas que tout changement est perfectionnement ; que toute nouveauté est une découverte heureuse ; que toute innovation est une acquisition précieuse : craignons de ne trouver qu'erreurs et misères dans ce rebut d'idées ou fausses ou dangereuses qu'injustement nous reprochons à nos pères de n'avoir pas remué assez profondément : c'est au-dessous de la liqueur spiritueuse et pure, que se dépose la lie chargée de tous les miasmes méphitiques.

Si nous voulons nous en fier aux lumières des autres, voyons en Angleterre avec quelle sagesse , quelle prudence, quelle force on a cherché jusqu'à présent à conserver à la religion dominante ses prérogatives, ses droits exclusifs, tant on est convaincu que le repos, la tranquillité et le bonheur de la société tiennent à ce système. La tolérance absolue pour toutes les religions anéantit tout esprit religieux; sans religion plus de société. C'est là une de ces vérités consacrées par les temps, qu'il est bien imprudent de remettre en question. Enfans imprudens du Dieu de la lumière , voulons-nous donc nous charger d'éclairer le monde pour l'exposer à un incendie nouveau !

DU GOUVERNEMENT REPRÉSENTATIF.

DANS notre orgueil, nous trouvons que le plus beau titre de gloire de notre siècle de lumières est d'avoir conçu l'idée du gouvernement représentatif, et non moins imprévoyans que ces enfans fiers d'avoir élevé un château de cartes que le moindre vent renversera, nous ne pensons pas avec quelle facilité le souffle des passions peut détruire ce chef-d'œuvre de l'esprit humain. D'ailleurs, est-il bien vrai que ce gouvernement ne renferme pas en lui de grands inconvéniens ? c'est à lui que les Anglais durent leur long parlement qu'ils ne purent jamais flétrir d'un nom trop honteux ; c'est à lui que nous devons la convention et d'autres assemblées, ou factieuses, ou bassement serviles. Il est toujours quelque mal dans les choses de ce monde. Le meilleur des gouvernemens serait, sans contredit, celui d'un prince ferme, éclairé, sage et bon. Ce pouvoir des rois, qui découle de l'autorité paternelle, en a toute la douceur et tous

les avantages. Aussi, ce fut sous cet abri tuté-
laire que les peuples passèrent leur enfance,
que ces grandes familles vécurent d'abord heu-
reuses et tranquilles, s'accrurent, et parvinrent
à l'état de force et de grandeur.

Quoi qu'en disent nos philosophes, que l'on
cherche en Grèce, en Italie, dans le reste de
l'Europe, dans toute l'Asie, en Afrique, on
verra tous les peuples adopter d'abord le gouvernement d'un seul, tant ce gouvernement
est selon la nature. Ce ne fut qu'après être par-
venus à un certain degré de civilisation déjà
corrompue, que les hommes égarés par leur
confiance en leur sagesse, crurent pouvoir, crurent devoir se gouverner eux-mêmes, et c'est
alors que se formèrent les républiques et que
s'ouvrirent ces champs de dissentions civiles,
de factions turbulentes, où tous les amours-
propres, tous les intérêts, toutes les prétentions
se heurtant, mettent les citoyens dans un état
de guerre continuelle. Tant de désordres, tant
de malheurs firent sentir le besoin d'un chef
plus ou moins puissant, et l'on en vint chez
plusieurs nations à ce gouvernement mixte que
nous appelons gouvernement représentatif. Ce
système n'est donc pas nouveau ; il fut connu

dans tous les temps. Ce qui serait nouveau, ce serait d'établir le juste équilibre des pouvoirs qui entrent dans la composition de ce gouvernement. Ce problème est d'autant plus difficile à résoudre, qu'il n'est point le même pour toutes les nations ; il varie suivant le caractère, la population, la position, les mœurs plus ou moins pures du peuple que l'on veut soumettre à ce gouvernement. Du château de cartes nous n'aurons fait un édifice solide et durable, que lorsque nous aurons découvert pour nous ce point si difficile à trouver.

DES ROYALISTES.

Pour expliquer ce que l'on peut entendre par royalistes, je vais, avec franchise et candeur, me peindre moi-même. Je ne suis royaliste que parce que je suis bon patriote : j'aime le gouvernement royal, comme le seul qui puisse assurer le bonheur public, et mettre fin à toutes les factions qui naissent de la prétention de chacun à partager l'autorité, pour se faire une meilleure part dans le pillage des revenus publics. Sans intérêts, sans passions, je juge avec calme de ce qui est bon ou mauvais. Assez âgé pour avoir connu le gouvernement paternel des Bourbons que l'on n'a pu renverser qu'en en exagérant traîtreusement les abus, dans la force de l'âge, tout le temps où nous avons fait les essais malheureux de ces gouvernemens passagers, qu'aux risques de la France, l'imprudence ou la méchanceté ont amenés tour à tour; ayant encore assez d'années à vivre pour m'intéresser à l'avenir; trop juste appréciateur du temps passé pour croire que nos ancêtres ne furent que des lâches, des imbécilles ou des sots, et de vils esclaves; trop bon père pour ne pas faire des vœux pour la tranquillité et le bonheur futurs de ma famille, je redoute les novateurs, et porte dans mon cœur un amour profond à cette race de rois qui, pendant tant de siècles, ont fait la gloire et la fortune de la France. Je désire que l'on n'entrave pas l'autorité du Roi au point de lui ôter les moyens de se défendre contre ces passions désorganisatrices dont les germes toujours existans peuvent reproduire sur notre sol ces mêmes moissons de poisons et de crimes; je voudrais être en sûreté contre l'anarchie, le pire de tous les maux. Instruit, ou peut-être effrayé du passé, je crains ces assemblées où l'intrigue, le talent et les passions jouent des rôles si terribles, et qui se trouvent souvent emportées loin du but qu'elles s'étaient proposé. Malgré moi, les assemblées de 89 me rappellent les assemblées de 93. *Timeo danaos et dona ferentes.* Mes esprits se glacent d'effroi quand nos représentans nous parlent des biens qu'ils nous apportent ; enfin, pour moi, pour mes enfans, je cherche le repos sous l'égide protectrice d'un souverain investi d'une grande puissance. Je ne veux pas un despote, ce ne serait plus un roi de France, mais je veux que les institutions sages qui balanceront son pouvoir ne puissent jamais dégénérer en moyens de le détruire. Chacun cherche des garanties contre les abus de la puissance royale ; moi j'en cherche, j'en demande contre les abus de la puissance des chambres. Puisqu'il faut des assemblées, que l'on pense surtout à se méfier de leur influence, à se mettre en garde contre la facilité qu'elles ont d'agiter et de remuer les peuples, qu'on leur fixe des bornes qu'elles ne puissent jamais dépasser.

Souverains de l'Europe, souvenez-vous que vous devez à vos peuples la conservation de

votre autorité, c'est là votre premier devoir ;
pilotes courageux, n'abandonnez pas le gouver-
nail au moment de la tempête ; ne dites pas que
l'opinion publique vous entraîne, c'est aux gouvernemens à créer, à diriger l'opinion : la lumière vient d'en haut, ira-t-on la chercher dans
les classes obscures de la société ?

Un royaliste veut donc le bonheur de son
pays, mais il le voit dans la sage modification
d'un ordre de choses depuis long-temps éprouvé,
et non dans l'exagération des idées nouvelles et
dans des institutions dont on ne connaîtra la
bonté qu'après des essais dangereux et peut-être
funestes.

CONCLUSION.

Je pourrais augmenter de beaucoup la liste que je viens de donner, mais je m'effraie chaque moment davantage de l'entreprise que j'ai formée. Elle me mènerait enfin à composer un traité complet de morale et de politique : la tâche est au-dessus de mes forces. Entraîné par mon cœur, bien plus que guidé par mon esprit, je n'eus jamais la pensée de tenter un si long ouvrage ; je n'ai voulu qu'avertir du besoin que nous avons aujourd'hui de voir se rectifier les idées qui sont répandues parmi nous. Je crois le moment favorable : on commence à sentir les inconvéniens graves et terribles des systèmes qui nous avaient séduits par leur nouveauté ; et puisqu'il est dans le caractère de l'homme, et surtout du Français, d'aimer le changement, les tristes folies par lesquelles nous avons passé nous mettent dans l'affreuse position de ne pouvoir changer, qu'en passant du mal au bien, de l'injuste à l'honnête, de l'extravagance à la sagesse. C'est maintenant une nouveauté piquante de défendre la vertu : parler raison est un moyen de se faire remarquer. Le champ de l'absurde, après avoir fourni des moissons si abondantes, est enfin épuisé ; et les principes simples et vrais sont tellement inconnus de nos jours, que l'on passera pour un génie créateur en les retirant de l'oubli. L'amour-propre aujourd'hui se trouve donc intéressé à se ranger du côté du bon sens, à s'armer contre les idées nouvelles, à combattre pour la vérité ; aussi j'espère qu'il se présentera de nombreux champions dans la lice que je viens d'ouvrir.

FIN.

DE L'IMPRIMERIE DE J. GRATIOT.